INDICIOS

INDICIOS

Carlos Permanyer

PRENSAS DE LA UNIVERSIDAD DE ZARAGOZA

© Carlos Permanyer
© De la presente edición, Prensas de la Universidad de Zaragoza
  (Vicerrectorado de Cultura y Patrimonio)
  1.ª edición, 2026

Colección La Gruta de las Palabras, n.º 136
Director de la colección: Fernando Sanmartín

Ilustración de la cubierta: Jesús Cisneros

Prensas de la Universidad de Zaragoza. Edificio de Ciencias Geológicas, c/ Pedro Cerbuna, 12. 50009 Zaragoza, España. Tel.: 976 761 330 puz@unizar.es   http://puz.unizar.es

une Esta editorial es miembro de la UNE, lo que garantiza la difusión y comercialización de sus publicaciones a nivel nacional e internacional.

ISBN 979-13-7014-092-2

Impreso en España
Imprime: Servicio de Publicaciones. Universidad de Zaragoza

Depósito Legal: Z 518-2026

A Ángeles

Debo dejar
constancia aunque no sepa de qué.
Fermín HERRERO

LO QUE SE DEJA POR DECIR

Si admitimos que el relato esencial de cada uno solo pertenece al misterio de la poesía, el relato esencial de Carlos Permanyer —cuya poesía se vincula desde sus inicios con la gratitud, la memoria y la hondura de sus sentimientos hacia una vida que ha encontrado su espacio y su razón de ser en la sencillez de la naturaleza— se depura e intensifica en este libro, *Indicios,* en el que el silencio y el asombro ante el mundo alcanzan su máxima cota expresiva.

Para su autor, la poesía es una forma humilde y respetuosa de acercarse a las cosas. No pretende agotarlas ni definirlas, solo sobrevolarlas, quererlas y disfrutarlas. Una aprehensión de la realidad que no busca ninguna contrapartida, salvo la de regocijarse con la simple presencia de lo que existe. Yo creo que un poeta no solo se hace con lo que escribe, sino también con la manera con la que ordena su vida alrededor de las palabras. La poesía —y esto es lo que se desprende de estos poemas— es para su autor una actitud ante la existencia, una forma de acompasamiento con lo creado, un estado de continua disponibilidad y de atención minuciosa a lo que nos rodea que involucra todos nuestros sentidos y supera todos los géneros.

No hay duda de que la voz de la poesía es la voz del cuidado, la de la vigilancia compasiva. Tal como la entiende Carlos Permanyer, la poesía es un intento de desentrañar una realidad que se nos escapa y en la que estamos incluidos nosotros. La complejidad de este empeño es de tal calibre que el poeta, cuando algo consigue vislumbrar, tiene la obligación y el compromiso de registrarlo, para sí y para los demás, de la forma más sencilla posible, sin añadirle oscuridad. Y para ello no hay más herramientas que las de la humildad, el trabajo y la paciencia. Esto es lo que se refleja en los poemas de *Indicios,* que no son propiamente literatura, sino una forma de amar secretamente las cosas que prefieren mantenerse en secreto, una manera de llevar a las palabras hasta el instante mismo en el que la evidencia sencilla de lo que se percibe nos conmueve y fascina.

Para nuestro autor, el sentido vocacional de su poesía va unido íntimamente con la búsqueda de la armonía con el espacio en el que vive, con el mundo que podemos disfrutar y del que somos los únicos responsables. Para él, la indagación contemplativa que intenta realizar por medio de la escritura solo puede llevarse a cabo en el seno de esta naturaleza real o imaginaria que es, en cierta medida, el lugar que ha elegido para mirar al mundo. El asunto no es nuevo, por supuesto, pero no por eso deja de ser cierto que la idea de sociedad humanizada en la que cree solo puede desarrollarse en plenitud en un medio en el que la belleza, el silencio y la soledad empujen al individuo hacia sí mismo, hacia lo que de verdadero hay en él, y, a partir de ahí, porque consigue encontrar la raíz esencial que nos hermana a todos, hacia los demás. A propósito de la poesía del poeta norteamericano George Oppen, maestro del espacio en blanco, de la concisión, la yuxtaposición y el matiz, Louise Glück hace una defensa apasionada de lo que se deja de decir en poesía: «Amo lo que está implícito o presente en el esquema, lo que convoca (en lugar de imponer) al pensamiento. Amo el espacio en blanco, la omisión del relato, las lagunas del amor». Para ella un poema no es mejor por tener mucha información, lo que le atrae como lectora y escritora es la elipsis, lo no dicho, la sugerencia, el silencio deliberado y elocuente. Lo no dicho es análogo a lo no visto y pone como ejemplo el poder de las ruinas, el de las obras de arte dañadas o inacabadas, que nos gustan porque en ellas no está todo, aunque el todo esté implícito. Lo que se persigue en el arte es la ocasión de usar el poder de lo inacabado. Y esta opción por el silencio es la que caracteriza a los poemas de *Indicios,* que nos dicen que la poesía no está hecha solamente de palabras, sino también de silencios, como la música, que no es solo sonido constante y permanente. Que nos revelan, como diría Roberto Juarroz, que, cuando uno hace que las cosas estén presentes por su ausencia, es cuando las cosas están.

Con este libro, Carlos Permanyer nos reafirma en la idea de que la poesía es una toma de conciencia de nuestra pertenencia a una totalidad indivisible en la que se reúnen las estaciones y los climas, la aurora y el poniente, los seres y las cosas. Una forma de perseverancia, una presencia erguida y respetuosa en medio de una vida que parece desmoronarse, pero que aun así continúa regalándonos con todo lo que tiene y haciéndonos posible, una y otra vez, el milagro silencioso de la existencia.

La lectura de estos poemas nos ratifica en el convencimiento de que la escritura poética, más allá de todo lo que pueda pensarse sobre ella, es una conversación a solas, un acercamiento compasivo y afectuoso a las cosas que se construye —y esto es lo esencial de su naturaleza— sobre el secreto, sobre lo que se deja por decir.

Basilio SÁNCHEZ

INDICIOS

Fijar en el tiempo este lugar.
Y después, lentamente,
reconocerme en él.
En una exaltación
cálida, viva.
Esa ha sido mi ambición.
Como el río conoce
el cauce, los barrancos y los valles,
las rocas desgastadas,
erosionadas, transparentes.
Y poco más.
Tal vez indicios.

ESTA LUZ PERSISTENTE

No me gustan los aeropuertos
los domingos,
las noches de hospital,
ni el centro de las ciudades
cualquier día.
Hay una distorsión,
una tristeza que supura
y una acumulación desorbitada
de urgencias provisionales.
Tengo nostalgia
de bosques y de valles,
un mar en calma
y de esta luz persistente
en su fugacidad.

TEMBLOR

Es como el agua.
Inaprensible.
Indescifrable también.
Quizá no sea nada.
Pero hay un temblor al fondo.
Un estremecimiento.
Cuanto más te acercas,
más inalcanzable parece.
Como el resplandor de la lluvia
alejándose en la tormenta.
Si lo intuyes, lo sabes.

FINAL DEL INVIERNO

Nieva al final del invierno,
sobre los cerezos.
Hay un silencio frágil.
El cielo baja a la tierra.
Se mezclan y se unen.
No hay horizonte ni mundo.
Todo es lo mismo.
Camino por las nubes.
Entre flores. Ingrávido.

PALABRAS EN EL TIEMPO

Qué fue de aquel bosque profundo
de pinos y de almendros,
qué del río.
Qué de la chica de mirada huidiza
que nunca he podido olvidar.
Y de los amigos de entonces,
cuando íbamos por los caminos
descubriendo secretos.
Qué fue de aquellas ilusiones
y de las esperanzas finalmente.
De aquel mundo inicial, ¿qué fue?
Todo se ha desvanecido.
Solo quedan palabras en el tiempo.

PASO LA TARDE

En esta habitación en penumbra,
entre libros abandonados,
paso la tarde.
Afuera, el mundo
que intento descifrar.
Entra el mar por la ventana,
por los muros crece el bosque
y la vida como un enigma.
Tantos años después todo parece
destinado a un silencio interminable.
Ya no sé lo que busco.
Me he perdido en la noche.
En la oscuridad de este cuarto
con vistas hacia adentro.

LLUEVE

Llueve.
Extiendo la mano.
Cierro los ojos.
Mañana, lo anuncian los pájaros,
seguirá lloviendo.
El viento ruge
como un impulso.
Te envuelve.
Dejo los postigos abiertos.
Hasta aquí has de llegar
atravesando los caminos.
Con una sonrisa abierta al encuentro.
Plenitud de un instante.
No es que la vida sea sencilla.
Es la forma de entender
el lugar que habito.
Y donde todo acaba
mientras ocurre.
¿Cómo expresarlo?

Es la manera de decir
que perteneces a un lugar,
que participas,
y eres parte de él.
Y que transcurrir es también
tu determinación.

LAMENTACIÓN

Si algo he de lamentar
es no haber ido más allá.
Alejarme, entregar el alma.
Hallar la misteriosa senda.
La reconciliación
que todo lo calma.
Me he detenido
en la entrada del bosque,
a la orilla del mar.
¿Qué me ha ocurrido?
Tengo la fe de un escéptico.

CUESTIÓN DE TIEMPO

Si pudiera elegir una palabra
sería travesía;
quizá tránsito.
Eso es.
Un camino hacia alguna parte
ignorada o inexistente.
Sin capacidad de modificación.
Y cuyo plan no conocemos.
Cuesta aceptar
lo que no se comprende.
Solo es cuestión de tiempo.

LA LUZ DE NUEVO

La luz de nuevo.
A manos llenas.
Desde el inicio
alumbrando ya el final.
Porque lo sabes,
no permites que el día
se destruya por las sombras.
Que todo aparezca ante ti
diferente, cada mañana,
es un indicio.
Y más de lo que podías esperar.

UNA TARDE DE VERANO

La luna en cuarto creciente
sobre los montes erosionados.
Una tarde de verano lenta y azul.
A lo lejos, el mismo río incesante
perdiéndose por los barrancos.
Se oyen pájaros
en el bosque y se va apagando
la luz a cada instante.
Es sorprendente la facilidad
con la que todo
transcurre sin darnos cuenta.
Como en nuestras vidas.

POR LA NOCHE

Por la noche,
con la luz apagada,
me detengo.
Contemplo el silencio
de este remoto lugar.
Entre montes solemnes,
ríos inaccesibles y barrancos.
Qué pequeños mis ojos
en las estrellas.
Qué insignificantes mis manos
por los cometas.
Bajo la inmensidad de otros mundos
desaparezco.
Rumor que se adentra
en la penumbra.

EN EL BOSQUE DE CIGARRAS

Las cigarras estridulan
al final del verano
sobre las altas ramas
del bosque.
Desde donde la vista
alcanza un largo mar.
Hay un deseo
de perpetuar la especie.
Una esperanza.
Si lo piensas,
quizá sea lo único
por lo que darías la vida.

Nota:
Las cigarras macho tienen una vida muy corta. Y en el estío, emiten un soni-
do estridente para atraer a las hembras, con el objetivo de asegurar la super-
veniencia de la especie antes de su inminente muerte.

YO TENÍA UN JARDÍN

Yo tenía un jardín
junto a un río y un bosque
por donde se filtraba
la luz de poniente cada tarde.
No lo he podido olvidar.
Hoy regreso en silencio
al lugar de los hechos.
A los días perdidos.
¿Por qué me arrancaron de allá?
¿Por qué me desarraigaron?
Por la noche, mi corazón
se hunde en el agua,
sube por las raíces,
rezuma por las ramas.

ABANDONOS

Caminas pero sabes
que no vas a parte alguna.
Sí, hay un mundo.
Y un bosque y nubes.
Y aire que circula sin cesar
y sin escapatoria.
Como en una espiral.
De vez en cuando
hay abandonos, desapariciones.
Y andas solo, a la intemperie,
deshabitado.

ÁRBOLES, BRUMA

A mis padres y mi hermano Ramón,
que yacen bajo los árboles.

En el promontorio
se alzan altos pinos por el aire.
Dan cobijo, sombra,
a las intrincadas raíces
que de las cenizas surgen.
Transpiran por las cortezas
y se elevan.
Gotas de resina cierran
las heridas.
Qué profunda la luz
de sus pequeñas vidas
fluyendo por las ramas
hasta el fin de los días.
A lo lejos los bosques
se extienden hacia los límites,
se adentran en la bruma.

SE ME CAEN DE LAS MANOS

Se me caen de las manos
los días.
¿Por qué, entonces,
tanta insistencia?
Si resulta que acumulamos
sombras, silencio.
Y que vamos declinando
como la luz.
Si parece que regresa el invierno
y descienden también
la voz y las palabras.
Se me caen los días
por la piel,
por las extremidades,
como si nada.
Y en el aire van estallando
nuestros nombres.

ANTES

Antes de que el viento se lleve
lo que aquí ha sucedido.
Antes de que no haya ocasión
de volver a encontrarse.
Antes de que se agoten
las probabilidades.
Antes de que la luz
sea apenas reconocible.
Antes, digo,
de que se pierdan
todos los esfuerzos.
Y tengamos que darnos por vencidos.

NADA QUE AÑADIR

Voy al silencio.
Como a una querencia.
Pasan las estaciones.
El ardor, las nieves.
En su aparente quietud
los árboles ascienden.
Es su profunda convicción
hacia la luz
lo que nos sobrecoge.
Su certidumbre.
Observo y discurro.
Nada tengo que añadir.

ACASO TODO

La nieve cubre de silencio el valle,
la soledad de estos campos,
los montes inertes.
Un viento frío llega hasta la casa
que hierve en la noche.
Por la ventana observas
un cielo muy profundo
incendiado de estrellas
que tiritan. Y tiemblas.
Este silencio, esta nieve,
serán acaso todo.

NO EXISTE EL TIEMPO

No existe el tiempo.
No existe el mundo.
Desafortunadamente,
tampoco hay dioses.
Y este atardecer
es solo luz fingida.
Aunque me niego a creer
que la belleza de este lugar
sea un imprevisto,
nada, nada existe.
Si tienes dudas,
pregúntale a los muertos.
Que no saben, siquiera,
que no existen.
Como ahora tú
y yo.

POR LOS CAMPOS

Pasear por los campos
en el mes de agosto.
Ya crecido el trigo,
antes de la siembra,
tostado por el sol.
Crepitando
en el gran silencio del valle.
Más inmenso
que todo el azul del mundo.
Y el tiempo suspendido.
La infancia así era.

TU LUGAR EN EL MUNDO

Puedes rechazar tu destino.
Puedes modificarlo, incluso.
Pero evitarlo no puedes.
Porque esta luz, esta niebla
no se pueden ignorar.
Como el designio
que se te ha impuesto.
Sabes que no puedes.
Que nunca has podido.
Y que tu lugar en el mundo,
desde el inicio,
es un misterio.
Como la noche.

CUANDO PASAN LOS PÁJAROS

Cuando pasan los pájaros
un rastro de vacío
queda en el aire.
Se alejan hacia el sur.
Y tú te quedas
frente al invierno.
Como frente a una amenaza.
Más solo. Y más frágil.
Es un signo, un indicio.
Siempre la ausencia
viene del cielo.

EN ESTAS CONDICIONES

En estas condiciones
hay que continuar.
Puede que el mundo esté bien hecho.
Pero nosotros no.
Siento la gravedad, su peso.
Hay un largo camino de vestigios
que son huellas, memoria.
Acumulamos daños, sombras,
mientras proseguimos.
Si no renuncias, esa es la ruta.

LA MAGNITUD DE LA CATÁSTROFE

En la ausencia encuentro refugio.
La presencia fugaz de la memoria
que de pronto se mezcla con los sueños.
Lo que pudo haber sido y lo que fue
y su encuentro con lo que es.
Restos de un fuego
cuyas hogueras yacen
extintas.
En el silencio me defiendo
y protejo de la vida.
Los años medirán la magnitud
de la catástrofe en mi corazón.

ME DETENGO

En este valle
me reconozco.
Por este camino voy.
Bajo este cielo sueño.
Más allá de este horizonte, el mundo,
que desconozco, como un fulgor.
Lo que importa está aquí.
Me detengo. Soy.

UN MAR ENCENDIDO

Aquí hay un mar
encendido a mediodía
y un horizonte al alcance de la mano.
Permanece en este lugar
el tiempo huidizo.
Resiste por las calles,
por la playa y las altas rocas
en estas aguas conocidas.
Lo que vive queda en el aire,
sobre la superficie,
como partículas en suspensión,
impregnándolo todo.
Esperando, calladamente,
los ojos que saben mirar.
Y ya nunca muere.

MI INFANCIA AÚN

Altas montañas,
la nieve después.
Pequeñas casas
con los tejados de pizarra.
A lo lejos, perros aullando
detrás de la neblina.
Unos caballos dóciles
observando
el lento automóvil
que recorre caminos polvorientos.
Y un valle que, al llegar la primavera,
se enciende con efervescencia.
Paisaje detenido
en la memoria antigua.
Aquí mi infancia aún,
recuperada, viva.

ANTES QUE NADA

He visto tanto
que me falta el aire
para comprender. Algo.
Antes que nada.

CONSUMACIÓN

La muerte fue en primavera.
Siempre llega el silencio
cuando surge la vida.
Con un permanente desequilibrio.
Los rosales estaban
en flor.
Brotaban con decisión y ternura.
Igual que un impulso.
Y caían las sombras lentamente.
Con una aparente fragilidad
los pétalos se desprendían,
como un sollozo,
a pesar de la resistencia de la luz.
Hasta la consumación.

LENTO, EL MUNDO

Miras el agua.
Su aparente rugosidad.
Su capacidad inherente
para la adaptación.
Miras la luz.
Tan distinta.
Como todo
lo que hay alrededor.
Lento es el mundo.
Y su respiración.
Tienen las cosas
una métrica, un equilibrio.

HAY OTRA OSCURIDAD

Hay otra oscuridad
en la noche.
Profunda, nítida.
Como hay incertidumbre
en las cosas que haces.
Sin convencimiento,
pero con tenacidad,
te enfrentas al mundo,
a su desafección.
Nada, sin embargo,
te acerca tanto a la vida
como tu propia evidencia.
Es cierto todo.
Todo lo que percibes.

LARGA SOMBRA DE LA NOCHE

Lo intentas una
y otra vez.
Alzas la vista.
Te esfuerzas.
Tienes motivos suficientes.
Nombrarlos sería excesivo.
Aunque algo se va filtrando.
Es un proceso,
lento,
fecundo,
persistente.
Te lo exiges una
y otra vez.
Resistir es la forma que tienes
de afirmar esa convicción.
Larga es la sombra de la noche.

TARDES EVIDENTES

Por un instante aparto
la mirada del libro.
Y observo.
El descolorido roce en el sillón,
la incipiente grieta en la pared,
la alacena desvencijada,
el jardín abandonado,
los envejecidos almendros…
Y, a lo lejos, los montes
erosionados, que contemplan,
igual que tú,
la presencia de todo
lo que explica una vida.
Hay tardes evidentes
en las que el tiempo
nos dicta su certeza.

EL MUNDO ALGUNAS VECES

El mundo algunas veces
me parece pequeño.
Y también accesible.
Y así ha de ser.
Caminar por la playa,
en invierno,
observar el vuelo
de los últimos pájaros,
hablar de nuestras cosas
en una tarde gris,
y alejarnos calladamente
cogidos de la mano.
Regresar donde todo
tiene al fin su principio.
Abarcar más
sería pretencioso.

LUZ INICIAL

Fragilidad que se pierde
en un instante.
Así comienza el día.
Después el mundo
va desvelando sus certezas.
Se aclara el mar entre la bruma
como un sueño en la vigilia.
Despierta un bosque
entre las sombras
y el vuelo de los pájaros.
Así es el asombro.
Conmoción y promesa.
Asisto al deslumbramiento,
como si todo
lo viera por primera vez.

AGRADECIMIENTOS

Quiero dar las gracias a Álvaro Valverde por las diferentes lecturas del manuscrito, sus sutiles consejos y apreciaciones que me han ayudado enormemente en la versión definitiva del libro.

A José Mateos por sus recomendaciones líricas y sus estimulantes palabras.

A Eloy Sánchez Rosillo por la lectura del manuscrito y estas palabras que reproduzco aquí por lo mucho que significan para mí:

> Este es tu libro más extremado, y quizá el mejor. No se puede decir más con menos. La poesía es palabra, pero también es silencio, vacío pleno. Eso respiran tus nuevos poemas. Hay ahí una conciencia que mira el mundo, su complejidad, con ojos limpios y serenos. La sencillez es la esencia de la complejidad.

Y, finalmente, quiero expresar mi agradecimiento a Basilio Sánchez por escribir unas palabras a modo de presentación o prólogo que, con su fina sensibilidad poética, describe con certeza la idea o el pulso poético que recorre el libro.

ÍNDICE

11   Lo que se deja por decir

17   Indicios
18   Esta luz persistente
19   Temblor
20   Final del invierno
21   Palabras en el tiempo
22   Paso la tarde
23   Llueve
25   Lamentación
26   Cuestión de tiempo
27   La luz de nuevo
28   Una tarde de verano
29   Por la noche
30   En el bosque de cigarras
31   Yo tenía un jardín
32   Abandonos
33   Árboles, bruma
34   Se me caen de las manos
35   Antes
36   Nada que añadir

37   Acaso todo
38   No existe el tiempo
39   Por los campos
40   Tu lugar en el mundo
41   Cuando pasan los pájaros
42   En estas condiciones
43   La magnitud de la catástrofe
44   Me detengo
45   Un mar encendido
46   Mi infancia aún
47   Antes que nada
48   Consumación
49   Lento, el mundo
50   Hay otra oscuridad
51   Larga sombra de la noche
52   Tardes evidentes
53   El mundo algunas veces
54   Luz inicial

55   Agradecimientos

Este libro
se terminó de imprimir
en los talleres del Servicio de Publicaciones
de la Universidad de Zaragoza
en abril de 2026

TÍTULOS DE LA GRUTA DE LAS PALABRAS

1 Manuel M. Forega, *Cuerpo de la edad (1981-1985)* (1985).

2 Emilio Gastón Sanz, *Musas enloquecidas* (1987).

3 Julio Alejandro de Castro, *Singladura* (1988).

4 José Antonio Labordeta, *Diario de náufrago* (1988).

5 Javier Delgado, *El peso del humo. (Libro de Horas Profanas)* (1988).

6 Jose Antonio Rey del Corral, *Poemas del sentido* (1988).

7 Javier Barreiro, *Dientes en un cofre* (1988).

8 Manuel Estevan, *Diario del frío* (1988).

9 Manuel Vilas, *Osario de los tristes* (1988).

10 Alfredo Saldaña, *Fragmentos para una arquitectura de las ruinas* (1989).

11 Mariano Esquillor, *Elegías a Fuensanta* (1989).

12 Antonio Ansón Anadón, *Memoria del Limo* (1989).

13 Rosendo Tello Aína, *Las estancias del Sol* (1990).

14 Ángel Petisme, *Habitación salvaje* (1990).

15 Miguel Luesma Castán, *Crónicas del abismo (1988-1989)* (1990).

16 Ana María Navales, *Los espejos de la palabra. (Antología personal)* (1991).

17 Antonio Fernández Molina, *El cuello cercenado. Antología poética* (1991).

18 Fernando Ferreró, *Falacia* (1992).

19 Luis Moliner, *Bethel y Música* (1992).

20 Manuel M. Forega, *He roto el mar (1980-1990)* (1993).

21 Alberto Montaner Frutos, *Teatro de delicias* (1993).

22 Teresa Agustín, *Cartas para una mujer* (1993).

23 Fernando Sanmartín, *Manual de supervivencia. (Consejos inútiles)* (1993).

24 Joaquín Carbonell Martí, *Laderas de ternero* (1994).

25 Enrique Gutiérrez, *Un país sin nadie* (1994).

26 Rolando Mix Toro, *El espejo y tú* (1994).

27 Magdalena Lasala Pérez, *Sinfonía de una transmutación* (1995).

28 Miguel Ángel Ordovás, *Poemas Evónimos* (1996).

29 Miguel Ángel Longás, *Escolios* (1997).

30 Antonio Blas Villa Berduque, *Andábata* (1997).

31 Mercedes Yusta, *Las mareas del tiempo* (1998).

32 José María Pérez Collados, *Lo que no te conté de mis viajes* (1998).

33 José Luis Trisán, *La libertad sonríe. (Homenaje a Luis de Pablo)* (1999).

34 Salvador Redonet (selección y prólogo), *Para el siglo que viene: (Post)novísimos narradores cubanos* (1999).

35 Eduardo Jordá, *Orco* (2000).

36 Alfonso Sánchez, *Lo fatal (Poemas)* (2000).

37 Rafael Yuste, *Trilogía de Historia Natural* (2001).

38 Antonio Fernández Molina, *Un gallinero en la ciudad. (Relatos)* (2001).

39 P. Rubio Montaner, *Tímidas existencias* (2001).

40 Carlos Alcorta, *Compás de espera* (2001).

41 Joaquín Sánchez Vallés, *Pasos en el jardín* (2002).

42 Francisco López Serrano, *La caricia de un sueño* (2002).

43 Fernando Ferreró, *Revisión prospectiva* (2002).

44 Fernando Andú, *Invenciones de las cárceles* (2002).

45 Tristan Tzara, *Los primeros poemas (Poemas rumanos)* (2002).

46 José Antonio Conde, *La vigilia del mármol* (2003).

47 Alfredo Saldaña, *Pasar de largo* (2003).

48 Javier Sancho, *Cuentos de colores* (2003).

49 José Antonio Sáez, *Derrota de las islas* (2003).

50 Ángel Guinda, *La creación poética es un acto de destrucción. Antología (1980-2004)* (2004).

51 José Ignacio Foronda, *Jaulas* (2004).

52 J. L. Rodríguez García, *En la última ciudad* (2004).

53 José Verón Gormaz, *El exilio y el reino* (2005).

54 Pablo Martínez Zarracina, *Los invitados* (2005).

55 Pilar Fraile Amador, *El límite de la ceniza* (2006).

56 Fernando Ferreró, *Secuencias y escenarios* (2006).

57 Ignacio Escuín Borao, *Couleur* (2007).

58 Sylvia Solé, *Diacronía del miedo* (2007).

59 Julio José Ordovás, *Nomeolvides* (2008).

60 Martín López-Vega, *Otra vida. Poemas en asturiano 1996-2004* (2008).

61 Rafael Fombellida, *Montaña roja* (2008).

62 Mariano Castro, *El pájaro y la piedra* (2008).

63 Miguel Ángel Ortiz Albero, *Nombrar el lugar, decir silencio* (2009).

64 Javier Delgado, *Amoramorte* (2009).

65 Juan Carlos Elijas Escorihuela, *Cuaderno de Pompeya* (2009).

66 Annabel Martínez Zamora, *Los pájaros que crié en tu nombre* (2009).

67 Jesús Ponce Cárdenas, *Memorial de la sombra* (2009).

68 Isabel Bono, *Ahora* (2010).

69 Juan Antonio Tello, *Cuando fui naufragio* (2010).

70 José Luis Trisán, *Dibujos de poemas* (2010).

71 Almudena Vidorreta Torres, *Lengua de mapa* (2010).

72 J. L. M. Mallada, *Del haz fúgido* (2010).

73 José Ángel Cilleruelo, *Vitrina de charcos* (2011).

74 Ramiro Gairín Muñoz, *Que caiga el favorito* (2011).

75 Fernando Ferreró, *Variaciones sobre un contexto inestable* (2011).

76 Ángel Guache, *Sonámbulo* (2011).

77 Javier Vallín, *La noche sin fronteras* (2011).

78 Laia López Manrique, *Deriva* (2012).

79 Abel Murcia, Gerardo Beltrán y Xavier Farré (selección y traducción), *Poesía a contragolpe. Antología de poesía polaca contemporánea (autores nacidos entre 1960 y 1980)* (2012).

80 Enrique Cebrián Zazurca, *Con la sola certeza* (2012).
81 Antonio Muñoz Quintana, *Miedo a los perros* (2012).
82 Ramiro Gairín Muñoz, *Por merecer el día* (2013).
83 José Antonio Conde, *El signo impreciso* (2013).
84 Fernando Ferreró, *Memoria* (2013).
85 Almudena Vidorreta Torres, *Días animales* (2013).
86 Angélica Morales, *Monopolios* (2014).
87 David Mayor, *Conciencia de clase* (2014).
88 José Ángel Cilleruelo, *Tapia con mirlo* (2014).
89 Enrique Cebrián Zazurca, *La chica del verano* (2014).
90 Fernando Ferreró, *Cadencia* (2015).
91 Iside Zecchini, *El huésped. Antología poética* (2015).
92 Jordi Doce, *Nada se pierde. Poemas escogidos (1990-2015)* (2015).
93 Juan Lamillar, *Las formas del regreso (2005-2007)* (2015).
94 J. L. Rodríguez García, *Estado de sitio* (2016).
95 Antón Castro, *El musgo del bosque* (2016).
96 Ramiro Gairín, *Lar* (2016).
97 Nacho Escuín Borao, *7:35* (2016).
98 Octavio Gómez Milián, *Con la llegada de la sangre* (2017).
99 Carmen Ruiz Fleta, *Vida doméstica* (2017).
100 José Verón Gormaz, *Claros de bruma* (2017).
101 Joaquín Sánchez Vallés, *Restos de luz en una cesta* (2017).
102 Aitor Francos, *Un buzón en el desierto* (2018).
103 Jesús Sanagustín Sánchez, *Lejos queda* (2018).
104 Teresa Agustín, *Caolín y rojo* (2018).
105 Pablo Lópiz Cantó, *Cómo vivir juntos* (2018).
106 Juan Antonio Tello Casao (ed.), *Al sur de la palabra. Poetas marroquíes contemporáneos* (2018).
107 José Manuel Soriano Degracia, *Hogares de paso* (2018).
108 Miguel Ángel Ordovás, *Cuaderno de voces muertas* (2018).
109 Ana Vidal Egea, *Todo este espacio* (2019).
110 José Ángel Cilleruelo, *Pájaros extraviados* (2019).
111 Lara López, *Derivas* (2019).

112 Lorenzo Oliván, *Tres movimientos* (2019).

113 Alicia Silvestre Miralles, *Istmo* (2020).

114 José Ignacio de Diego Lidoy, *Vida por errata* (2020).

115 Carlos Alcorta, *Fotosíntesis* (2020).

116 Diego Llorente, *Tragaluz* (2020).

117 Ke Yang, *Las dos mitades de la manzana del mundo. Antología* (2021).

118 Sebas Puente Letamendi, *Tren de vida* (2021).

119 Enrique Cebrián Zazurca, *Familia numerosa* (2021).

120 Eliana Dukelsky, *Electra destronada* (2021).

121 Rafael Ordóñez Fernández, *Antes del trueno* (2021).

122 Adriana Bañares, *Urbe capensis* (2022).

123 Carmen Ruiz Fleta, *Los secretos de los demás* (2022).

124 José Manuel Soriano Degracia, *Hacer silencio* (2023).

125 José Ángel Cilleruelo, *De la mano* (2023).

126 José Verón Gormaz, *Íntimo retorno* (2023).

127 Christian Peribáñez, *Tantos hombres mejores* (2023).

128 Octavio Gómez Milián, *Motel Pandora* (2023).

129 Adolfo Burriel Borque, *La fragilidad del peregrino* (2024).

130 Enrique Cebrián Zazurca, *Sí la ola* (2024).

131 Eduardo Crespo, *Un año en Laniakea* (2024).

132 David Conde Vitalla, *Esta hiriente luz* (2025).

133 Aloma Rodríguez, *Una inesperada ilusión* (2025).

134 Carmen Ruiz Fleta, *Quedarse a vivir* (2025).

135 Antón Castro, *Con sílabas de gol* (2025).